ALLOCUTION

PRONONCÉE DANS L'ÉGLISE DE SAINT-PIERRE D'AIRE

LE 24 OCTOBRE 1867

A L'OCCASION DU SERVICE FUNÈBRE

DE MONSIEUR

ARTHUR GUILLEMIN

LIEUTENANT DES ZOUAVES PONTIFICAUX

CHEVALIER DE L'ORDRE DE PIE IX

———❖❖❖———

LILLE

IMPRIMERIE DE J. LEFORT

RUE CHARLES DE MUYSSART

Ce n'est point un discours que je viens vous adresser, M. F., mais quelques mots seulement pour répondre au sentiment dont tous nos cœurs sont animés en ce moment. Ce sentiment quel est-il? A la vue de ces emblèmes funèbres qui nous représentent une tombe lointaine, une tombe dans laquelle gît la dépouille sanglante d'un beau jeune homme moissonné dans sa fleur, il nous serait impossible de ne point éprouver une profonde tristesse. N'eussions-nous pas, pour la plupart, à pleurer ici la perte d'un ami, il nous serait impossible de ne point nous associer à la douleur si respectable d'un père, d'une mère, d'un frère, d'une sœur, à qui vient d'être si prématurément ravi l'objet de tant d'affections. Il est pourtant un autre sentiment qui domine cette tristesse. Serait-ce en présence de cette victime des plus sacriléges attentats, celui de l'indignation contre ses meurtriers? Non, elle ne saurait franchir le seuil de la maison du Dieu qui est mort en priant pour ses bourreaux. Le sentiment qui pénètre avant tout nos âmes en ce moment, c'est celui d'une sainte fierté, d'une noble émulation. Ah! c'est que le crêpe funèbre qui recouvre cette tombe ne peut voiler à nos yeux la gloire qui l'environne; c'est que, si elle nous montre une victime, avant tout nos souvenirs nous montrent un héros, notre foi un martyr.

Oui, *Arthur Guillemin, lieutenant des zouaves pontificaux, chevalier de l'ordre de Pie IX,* a été un héros dans toute sa carrière militaire; il a été un martyr dans sa mort. En retraçant quelques-uns des faits qui le prouvent, je ne vous apprendrai probablement rien que vous ne sachiez déjà, M. F.; mais quand, dans notre siècle d'indifférence, on rencontre de tels exemples, certes, on peut bien les produire au grand jour; quand on voit tant de chrétiens uniquement occupés de leurs intérêts particuliers et indifférents aux douleurs de l'Eglise leur mère, il est consolant, il est utile de montrer un jeune homme sur le sépulcre duquel on pourra écrire ces paroles, que la sainte Ecriture a consacrées à la mémoire d'un Machabée : *Et iste quidem hoc modo vitâ decessit, non solùm juvenibus, sed et universæ genti memoriam mortis suæ, ad exemplum virtutis et fortitudinis, derelinquens.* — Il est mort laissant, non-seulement aux jeunes hommes, mais à toute la nation, un grand exemple de vertu et de courage dans le souvenir de son trépas. (II. MACH. VI, 31.)

I

Si quelque chose manque dans l'histoire de l'Eglise, M. F., ce sont les moments de trève et de repos. Depuis dix-huit siècles, toujours être attaquée, toujours combattre, toujours souffrir, mais aussi à la fin toujours triompher

par des coups inattendus : telle est la mysté-
rieuse destinée de cette immortelle Eglise. Il
était réservé à l'époque où nous vivons de
voir s'unir contre elle tous les genres de
violence et de perfidie. C'est à la tête, c'est
au cœur de notre sainte religion que l'enfer
a visé ; c'est la papauté qu'il a juré de renverser, et afin de détruire son domaine spi-
rituel, il a dit à toutes les mauvaises passions :
Détruisons son domaine temporel.

Abandonné des puissances de la terre, qui
cependant avaient tant d'intérêt à le soutenir,
le souverain Pontife, que Dieu dans sa sagesse
et sa miséricorde a ménagé à son Eglise pour
la guider dans ces temps si difficiles, faisait, il
y a un peu plus de sept ans, appel au dévouement de tous ses enfants ; et, soyons fiers de
le dire, il se tournait surtout avec confiance
vers la France. L'écho de sa voix était à peine
arrivé jusqu'à nous qu'Arthur Guillemin répond : « Me voici, je pars ! » Ce ne dut pas
être sans quelque surprise que vous apprîtes
cette soudaine détermination ; non pas que
vous pussiez douter de sa foi, il l'avait puisée
à trop bonne source, mais il était de si frêle

apparence! il avait un peu plus de vingt ans, on lui en eût à peine donné seize; c'était un jeune homme doux et timide; en un mot il était évident que la nature ne l'avait point fait soldat. Mais la grâce, sous la frêle enveloppe de son corps, avait façonné une de ces âmes dont l'énergie supplée à tout.

Quiconque a connu son cœur essentiellement affectueux, comprend ce qu'il dut lui en coûter pour s'arracher au foyer paternel, pour dire adieu à ces charmes de la famille qu'il aimait tant, pour s'en aller, lui qui n'avait jamais quitté le giron de sa mère, sur une terre étrangère, si toutefois un catholique peut appeler de ce nom la patrie de son Père. L'appel du souverain Pontife s'adressait à la jeunesse catholique du monde entier. Votre glorieux compatriote arrive à Rome un des premiers; il se fait inscrire le vingtième sur les cadres des zouaves.

Moins de quatre mois après, par une de ces félonies dont l'histoire n'offre guère d'exemple, la petite armée pontificale, qui commençait à peine à se former, est attaquée par une armée qui lui est dix fois supérieure en nombre.

L'honneur ne lui permet pas de refuser la bataille. Au début de l'action, on demande des hommes de bonne volonté pour aller harceler l'ennemi ; brave entre les braves, Guillemin s'avance. Après quelque temps il voit tomber un à un ceux qui marchent avec lui ; il avance toujours ; voici qu'il est seul, il avance encore ; mais l'ennemi approche, une colonne arrive au pas de charge, que va-t-il faire ? Déposer les armes ? la sagesse vulgaire le lui conseille, on ne se bat pas seul contre une colonne. Guillemin croise le fer et il avance encore ; mais bientôt il tombe baigné dans son sang, il avait la poitrine traversée. Il tombe non loin de l'endroit où la veille un autre héros dont le nom est aussi une de vos gloires, Misaël de Pas, tombait lui-même pour prendre son essor vers le ciel. Ah ! quand on songe que des prodiges de ce genre se sont renouvelés dans cette mémorable journée autant de fois que le bataillon des zouaves pontificaux comptait de combattants, on comprend que le nom de Castelfidardo soit inscrit à jamais dans les fastes militaires comme une gloire pour les vaincus, comme une flétrissure pour les vainqueurs.

Je passe sous silence les souffrances du blessé que l'on dépouille, qu'on ne relève qu'à la fin du jour, que l'on traite à l'hôpital avec une inhumanité que je ne veux pas qualifier, que l'on renvoie mourant dans son pays. Certes, déjà il a mérité sa couronne; mais Dieu veut qu'elle soit ornée encore de sept ans de sacrifices, et il laisse à un autre enfant du diocèse d'Arras, au saint d'Amettes, l'honneur d'apporter à son digne compatriote qui l'invoque, une guérison que j'appellerais comme vous miraculeuse, si je n'étais dans la chaire, d'où une parole de ce genre ne peut descendre qu'elle n'ait reçu la sanction de l'Eglise.

Nous croyions notre ami encore retenu sur son lit de douleur, quand nous le voyons arriver pâle, exténué, ayant fait plusieurs lieues à pied. Comme nous l'en blâmions, il nous répond naïvement : « Il faut que je m'exerce à la marche, car j'ai hâte d'aller reprendre mon poste. » Je ne crois pas déroger à la dignité de la chaire, M. F., en vous rapportant ces menus détails; je ne sais comment vous les appréciez, mais pour moi j'y vois toujours le héros.

Vous l'avez admiré sur le champ de bataille; il me paraît bien plus admirable encore dans la persistance de son dévouement, dans la continuation de son sacrifice. Pour faire une belle action, il suffit, après tout, d'avoir un peu de cœur, surtout quand on est Français, d'écouter une généreuse inspiration; mais, pour se dévouer pendant plusieurs années, malgré les peines que l'on rencontre à chaque pas, pour vouloir demeurer attaché quand même à la cause que l'on a embrassée, il faut une vertu que nous avons droit d'admirer, car elle n'est pas commune.

Ce fut celle de notre cher zouave : durant sept ans rien ne put le décourager, ni les privations, ni les ennuis de la vie militaire, ni la fatigue d'un climat énervant, ni l'éloignement de sa famille, ni la pensée des services qu'il pouvait rendre au milieu des siens, ni les épreuves du présent, ni les incertitudes de l'avenir. Durant sept ans, comme simple soldat, comme sous-officier, comme officier, il demeura à son poste, se montrant constamment l'homme du devoir, le gardien de l'austère discipline, se prêtant à tout, se dévouant à tout, se faisant citer à l'ordre du jour, tantôt pour services rendus à sa cité d'adoption dans quelque calamité, tantôt pour un fait d'armes comme à Ceprano, où il gagnait sa première épaulette à la pointe de sa baïonnette ; durant sept ans, aimé de ses camarades dont il était le soutien et le modèle, et qui l'appelaient l'ange gardien du bataillon, estimé de ses chefs qui fondaient sur lui les plus belles espérances, particulièrement connu et apprécié du Pontife-roi, qui l'avait créé chevalier de son ordre, et qui, plus d'une fois, lui fit l'insigne honneur de l'appeler pour s'entretenir avec lui ; durant sept ans, on peut dire qu'il ne vécut, ne respira, que pour les intérêts et la gloire de la cause qu'il servait.

Cependant il y eut un instant où il se demanda si le moment n'était pas venu pour lui de déposer son épée. C'était il y a quatre mois, à l'époque de ces fêtes mémorables durant lesquelles Rome vit accourir de tous les points du monde, sur un simple désir de Pie IX, cinq cents évêques, quinze mille prêtres, cent mille fidèles ; durant lesquelles le monde put les contempler prosternés de respect, d'amour et de foi, devant cette pierre sur laquelle Jésus-Christ a bâti son Eglise, sur laquelle deux cent cinquante-neuf Pontifes se sont successivement assis, pierre toujours la même, pierre toujours debout malgré tous les orages qui sont venus fondre sur elle, pierre demeurée seule inébranlable au milieu des ruines de dix-huit siècles ! Il y avait dans cette manifestation, une preuve si éclatante de la vitalité de cette Papauté dont on annonce depuis si longtemps la décrépitude et la mort prochaine, une telle garantie de son indéfectible durée, qu'en vérité c'était à se demander pourquoi monter la garde autour d'elle.

Il me fut donné de revoir notre ami dans ces circonstances, et sous l'influence des grandes choses dont nous étions les témoins, il me disait, dans un moment d'épanchement intime : « Quand je considère comment la Providence déjoue tous les plans des ennemis de Rome, je me persuade qu'il n'est pas probable que nous ayons encore à combattre pour la défendre, et je songe à aller reprendre ma place dans ma famille. » Mais il ajoutait aussitôt : « D'un autre côté cependant, je vous avoue

que je sens un je ne sais quoi qui me dit que
je dois rester ici. » Ah ! noble enfant, quoique
ne prévoyant pas les événements qui allaient
éclater sitôt, vous aviez deux fois raison ;
l'heure était sur le point de sonner, où le
grand Capitaine, comme l'appelle Bossuet,
satisfait de vos services, allait vous permettre
de déposer votre épée ; et si quelque chose
vous disait d'attendre, c'est que lui-même
voulait se charger de vous relever de votre
poste, en vous appelant à lui, en vous faisant
échanger l'épée du héros contre la palme du
martyr.

II

L'enfer avait frémi, m. f., en entendant les
acclamations qui s'élevaient de la Ville éter-
nelle durant ces jours de triomphe. Il y répond
bientôt par de nouveaux cris de mort, de mort
à la papauté, et, chose qui surpasse toute con-
ception, des fils dénaturés s'arment contre leur

Père. Je ne puis vous dire, quoique je le devine, ce qui se passe à cette vue dans l'âme de ces valeureux jeunes gens accourus tout exprès pour faire à ce père un rempart de leurs corps ; mais je puis vous dire d'une manière certaine ce qui se passait dans l'âme de notre héros. Le 7 octobre, je recevais de lui une dernière lettre dans laquelle se trouve cette parole que je garderai toute ma vie dans mon cœur comme un précieux souvenir et au besoin comme une leçon : « O maintenant, vous le comprenez, je ne songe plus à partir ; je n'ai plus qu'une pensée, qu'un désir, c'est de donner ma vie pour la défense du souverain Pontife ! » Ah ! ce désir Dieu l'a entendu, il partait d'un cœur trop dévoué pour qu'il ne fût pas accueilli ! Le 13 octobre, on apprend que l'ennemi occupe un village fortifié placé au haut d'une colline ; il s'agit de l'en chasser. On charge une compagnie de zouaves de cette périlleuse mission, et c'est au lieutenant Guillemin qu'est dévolu l'honneur de la commander. Ils ont bientôt renversé les avant-postes ; mais à peine ont-ils commencé à gravir la hauteur, qu'un feu terrible les enveloppe de toutes parts. « Nous étions quatre-vingts contre douze cents, écrit un des survivants de ce combat, et nous entendons notre lieutenant qui nous crie : Allons, mes braves, mourons tous, et d'assaut! Il nous entraîne jusqu'aux portes de Monte-Libreti, et là, après avoir traversé de sa propre épée deux de ceux qui l'assaillent, il tombe la poitrine percée d'une balle ; un clairon tombe à ses côtés, Guillemin lève la tête et lui dit : Criez avec moi, Vive le Pape! Et il meurt!!! »

Je ne vous parlerai point, M. F., de la lutte de géants que, durant trois heures, les dignes soldats d'un tel chef continuent à soutenir. Ce n'est qu'à regret, croyez-le bien, que j'ai déroulé ici un coin de ce sanglant tableau ; il le fallait pour vous montrer comment sut mourir notre héros.

En l'appelant un martyr, ai-je abusé des termes? Martyr, c'est un grand nom, je le sais mais n'est-il pas évident qu'il en est digne? Un martyr c'est un chrétien qui puise dans sa foi le courage de verser son sang pour sa religion. Oh ! qu'elle était ardente, qu'elle était élevée la foi de l'enfant de cette paroisse ! Par quelle angélique piété il l'alimentait, non-seulement durant les années où il priait à côté de sa mère, mais durant sa vie militaire ! Sa chambre ressemblait plus à celle d'un jeune lévite qu'à celle d'un guerrier; son bonheur était de visiter les sanctuaires de Rome: que de fois on l'y a vu agenouillé, que de fois on l'y a vu s'asseoir à la Table sainte! Chaque semaine, il recevait le Pain des forts, dont les premiers martyrs avaient soin de se munir avant de descendre dans l'arène. Et quel autre sentiment que celui de cette foi avait pu faire tressaillir son cœur à l'appel du Vicaire de Jésus-Christ? Quel autre sentiment que celui de cette foi avait pu lui faire épouser une cause humainement parlant si désespérée? Quel autre sentiment que celui de cette foi put soutenir durant sept ans son infatigable dévouement? Quel autre sentiment que celui de cette foi put lui faire dire enfin, quand tant de liens l'attachaient à la vie : « Je n'ai qu'une pensée, qu'un désir, c'est de mourir pour la défense du souverain Pontife. » Dans Pie IX il voyait le représentant de Jésus-Christ, dans sa cause il voyait la religion, et il avait raison. C'est elle en effet que l'on attaque, on ne s'en cache plus même aujourd'hui ; ce n'est pas seulement une portion de territoire que l'on convoite, ce n'est pas une ville que l'on veut conquérir, c'est la religion de Jésus-Christ que l'on veut renverser. C'est pour elle que librement, volontairement, notre héros a versé son sang, c'est pour elle qu'il est mort ; donc il a conquis sa place dans la phalange des martyrs ; gloire à lui ! ! !

Gloire aussi à vous, famille chrétienne qui avez été trouvée digne de fournir la victime de ce beau sacrifice, qui lui avez communiqué avec son sang l'amour de la religion pour laquelle il devait le répandre. Pleurez-le, il est bien digne de vos larmes, mais ne le plaignez pas ; si ceux qui meurent dans le Seigneur sont proclamés bienheureux, combien plus ne le sont-ils pas, ceux qui meurent pour le Seigneur ! Pleurez-le, mais consolez-vous : si Dieu vous reprend un trésor sur la terre, il vous donne au ciel un puissant protecteur.

Gloire aussi à vous, vénérable pasteur qui avez pris soin de son enfance, qui avez déposé dans son cœur les germes de cette foi dont nous venons d'admirer les prodiges, qui avez su lui inspirer tant d'amour pour le Dieu de sa première communion, qu'il ne devait rien lui refuser, pas même son sang et sa vie.

Gloire à vous, maîtres éclairés, sous l'habile direction desquels il a grandi dans la science et dans la vertu, qui lui avez appris à connaître cette Eglise dont il devait un jour devenir le glorieux champion. Ah! puisse-t-il trouver des émules dans cette génération nouvelle que vous élevez pour le bonheur des familles et l'avenir de la religion!

Gloire à nous tous enfin, M. F., car en sortant de nos rangs ce martyr atteste qu'il y a encore du sang des croisés dans nos veines, que la sève catholique est encore vivace dans notre société; il atteste que s'il y a dans cette société des esprits malades, il y en a encore parmi nous qui savent où est la vérité, le droit et la justice; il atteste que s'il y a des cœurs assez dénaturés pour prendre en haine leur Mère, s'acharner contre leur Père, il y en a encore parmi nous pour prendre leur défense, faire leur consolation, et attirer sur la terre coupable les miséricordes du Ciel.

M. F., votre présence à cette touchante cérémonie, votre empressement à vous y rendre de tous les points de cette religieuse contrée, a une signification dont la portée n'échappera à personne. Sans doute vous avez voulu payer un juste tribut d'honneur et de prière à la mémoire d'un héros, d'un martyr ; vous avez voulu apporter à ses parents un témoignage d'estime et de sympathie qui sera, je l'espère, un baume pour la plaie de leur cœur ; et je m'acquitte d'une bien douce mission en vous en remerciant. Mais évidemment votre pensée s'est élevée plus haut ; elle s'est élevée jusqu'à ce saint Pontife, dont le nom fait battre en ce moment tous les cœurs du monde catholique comme un seul cœur, dont les douleurs et les dangers affligent et alarment tout ce qu'il y a encore d'âmes quelque peu honnêtes. Vous avez compris combien il est poignant pour ce père de voir tomber autour de lui et presque sous ses yeux ses plus généreux enfants, et vous avez voulu unir vos larmes à ses larmes. Il faudrait une voix plus autorisée que la mienne pour vous en remercier ; mais le ministère que je remplis ici me permet de vous dire : Des larmes, chrétiens, ce n'est pas assez. Serrez-vous, serrons-nous tous comme un corps de défense autour de Pie IX.

Jeunes gens, il y a des vides dans cette petite armée pontificale qui s'immortalise en ce moment, il y a des vides à combler. Suivez l'exemple de votre généreux compatriote, allez, vous aussi, combattre, allez mourir, s'il le faut; et un jour, si ce sort glorieux vous est réservé, tout un pays se lèvera pour vous saluer aussi du nom de martyrs. Mères chrétiennes, ne vous étonnez pas s'il faut que des fils partent avec la froide résolution de donner leur vie pour le triomphe de la Vérité ; ne croyez pas qu'on doive arrêter ces élans. Il y a quelque chose de mieux à faire que de jouir, à la façon vulgaire, de ses enfants, c'est de permettre que Dieu et l'Eglise en jouissent.

Mais tous n'ont pas les qualités guerrières ; tous ne sont pas d'âge à prendre les armes. Rappelez-vous, M. F., cette parole de la sainte Ecriture que j'appliquais en commençant à celui dont nous venons honorer la mort, et qui s'applique également à tous ces preux que le monde contemple en ce moment avec admiration : « Ils donnent non-seulement aux jeunes gens, mais à tous les âges, à la société tout entière, une grande leçon de vertu et de courage. » Eh quoi! des enfants pleins de vie, brillants d'avenir, quittent toutes les douceurs de la famille, brisent leur carrière, affrontent toutes les privations et toutes les fatigues, et nous, hommes de l'âge mûr, nous nous croirions quittes de tout devoir! Mon frère, vous n'êtes pas dans le cas de donner votre sang, sachez vous en dédommager en contribuant à l'entretien de ceux qui offrent le leur. La cause qui réclame des soldats demande d'ailleurs des défenseurs de plus d'une sorte. Cette cause, on se permet peut-être quelquefois de l'attaquer devant vous; vengez-la, ne fut-ce que par votre attitude. Tenez haut et ferme la bannière de votre foi. Vous avez de l'autorité, vous avez de l'influence; servez-vous-en pour le bien, ne la laissez pas périr dans l'indifférence et l'apathie. Les intérêts qui sont en jeu ne permettent la neutralité à personne.

Enfin, n'eussiez-vous ni argent ni autorité,

souvenez-vous que vous avez tous en main une arme toute-puissante, c'est celle de la prière. Oh ! priez, M. F., prions tous, ne nous lassons pas de demander le triomphe de l'Eglise. Dieu a marqué le jour et l'heure, mais nos vœux peuvent hâter les moments.

En un mot, chacun où la Providence nous a placés, servons selon la mesure de nos moyens cette religion pour laquelle tant de héros n'ont pas craint de verser leur sang, et un jour nous pourrons paraître avec confiance devant Dieu, pour lui demander sinon la palme des martyrs, au moins la couronne des élus.

— LILLE. TYP. J. LEFORT. M DCCC LXVII —